현지어와 함께 떠나는 어린이여행인문학 ㉗ 홍콩

홍콩에서 태양을 보다

강수진 **지음** | 염지애 **그림** | 민지현 **영문 옮김**
초판 인쇄일 2021년 4월 19일 | **초판 발행일** 2021년 4월 30일
펴낸이 조기룡 | **펴낸곳** 내인생의책 | **등록번호** 제10호-2315호
주소 서울특별시 서초구 강남대로373 위워크 16층 114호
전화 02)335-0449, 335-0445(편집) | **팩스** 02)6499-1165
전자 우편 bookinmylife@naver.com | **홈페이지** http://bookinmylife.com

ISBN 979-11-5723-641-1(77810)
　　　979-11-5723-396-0(세트)

* 책값은 뒤표지에 있습니다.
* 잘못된 책은 구입처에서 바꾸어 드립니다.

내인생의책에서는 참신한 발상, 따뜻한 시선을 가진 원고를 기다리고 있습니다.
원고는 나무의 목숨값에 해당하는 가치를 지녔으면 합니다.
원고는 내인생의책 전자 우편이나 홈페이지를 이용해 보내 주세요.

어린이제품 안전 특별법에 의한 제품 표시
제조자명 내인생의책 | **제조 연월** 2021년 4월 | **제조국** 대한민국 | **사용연령** 5세 이상
주소 및 연락처 서울특별시 서초구 강남대로373 위워크 16층 114호 02)335-0449

I See the Sun in Hong Kong

홍콩에서 태양을 보다

강수진 지음 | **염지애** 그림 | **민지현** 영문 옮김

강수진 지음

한국외국어대 영문과를 나오고, 코스타리카 유엔평화대학(UPEACE, University for Peace)에서 "지속가능한개발과"를 석사를 전공했습니다. 독일 선박회사인 올덴도르프(Oldendorff) 함부르크 본사, 싱가포르 지사를 거쳐 현재는 세계 최대 덴마크 선사 머스크(Maersk)에서 근무하고 있습니다. 홍콩 여행 에세이 책인 "홍콩 단편, 어쩌면 익숙한 하루"의 공동 저자이기도 합니다. 홍콩섬 코즈웨이 베이에서 두 아이를 키우며 글을 쓰고 있습니다. 아이들을 국제적인 환경에서 문화적 편견 없이 길러낼 수 있는 홍콩의 교육 환경에 만족하며 주말에는 하이킹을 가고 딤섬을 즐기는 소소한 행복을 누리고 있습니다.

염지애 그림

사소하고 일상적인 것이 가장 특별한 것이라는 생각에 영감을 받는 일러스트레이터입니다. 여러 기업과 협동하여 활발한 창작 활동을 펼치고 있습니다.

민지현 영문 옮김

이화여자대학교 영어영문학과를 졸업하고 미국 뉴욕주립대학교에서 교육학 석사 학위를 받았습니다. 현재 뉴욕에 살면서, 번역 에이전시 엔터스코리아의 번역가로 활동하고 있어요. 옮긴 책으로는 《동물농장》《이상한 나라의 앨리스 원화 컬러링북》《앨비의 또 다른 세계를 찾아서》《메이지의 영원한 삶을 위해》《할아버지의 위대한 탈출》《스타가 된 스팅크 아저씨》《불법자들: 한 난민 소년의 희망 대장정》《세상에서 가장 느린 책》《무시무시한 고모》《악마 치과 의사》《이상하게 재밌는 지구과학》《미국 초등 교과서 핵심 지식: 언어와 문학 편》《아빠 운전하기 면허증》《징검다리 미로찾기 세계여행》《놀면서 떠나는 세계 문화 여행》《카피캣》《갤럭시》 등 다수가 있습니다.

Written by Su-jin Kang

Su-jin Kang is a graduate of Hankuk University of Foreign Studies with a specialization in English literature, and has studied the master's program in "Sustainable Development" at the University for Peace (UPEACE) in Costa Rica. After working at the Hamburg headquarters and the Singapore branch of Oldendorff, a German shipping company, Su-jin now works for Maersk, the world's largest Danish shipping company. She has also co-authored the Hong Kong travel essay book, "A Day In Hong Kong (홍콩 단편, 어쩌면 익숙한 하루)". Sujin lives in Hong Kong, writing, and raising two children. Content with Hong Kong's educational environment where children can be raised without cultural prejudice in an international culture, she carries out daily life, enjoying the small happiness of hiking on weekends and enjoying dim sum.

Illustrated by Ji-ae Yeom

Ji-ae Yeom is an illustrator who is inspired by the concept that small things are the most special things. She is actively engaged in creative projects in cooperation with various companies.

Translated in English by Jihyun Min

Jihyun studied in English Language and Literature at Ewha Womans University, and graduated from the State University of New York at Buffalo Graduate School of Education with M.A. Degree in Early Childhood Education. Jihyun lives in New York, working with the translation agency EntersKorea as a translator. Jihyun translated many books, including 《Animal Farm(동물농장)》《Alice's Adventure in Wonderland(이상한 나라의 앨리스 원화 컬러링북)》《The Many Worlds of Albie Bright(앨비의 또 다른 세계를 찾아서)》《Infinite Lives of Maisie Day(메이지의 영원한 삶을 위해)》《Grandpa's Great Escape(할아버지의 위대한 탈출)》《Mr. Stink(스타가 된 스팅크 아저씨)》《Illegal: A Refugee Boy's Long Voyage of Hope(불법자들: 한 난민 소년의 희망 대장정)》《The Slowest Book Ever(세상에서 가장 느린 책)》《Awful Auntie(무시무시한 고모)》《Demon Dentist(악마 치과 의사)》《Stuff You Should Know About Planet Earth(이상하게 재밌는 지구과학)》《Core Knowledge Series: Language and Literature Section(미국 초등 교과서 핵심 지식: 언어와 문학 편)》《Mitchell's License(아빠 운전하기 면허증)》《Maze Hop Around the World(징검다리 미로찾기 세계여행)》《The Usborne Travel Activity Book(놀면서 떠나는 세계 문화 여행)》《Copy Cat (카피캣)》《Across the Void (갤럭시)》.

바닷바람에 실려 온 세계의 향기가 모여드는 곳
홍콩의 품 안에서 오늘도 아이들의 꿈이 자라요.

A place where the fragrance of the world is carried and gathered by the sea breeze.
Children's dreams grow in the arms of Hong Kong.

내인생의책

"앤디, 아침 먹으렴."
마리아 아줌마가 만든 전복죽과 야우티우(튀긴 빵)를 맛있게 먹어요.
오늘은 여름 방학이 끝나고 드디어 학교에 가는 날.
설레는 마음으로 집을 나서요.
우리 학교는 코즈웨이 베이의 빅토리아 공원 옆에 있어요.
멀지 않지만 이런 더위에 걷다가는 금방 땀투성이가 될 것 같아
트램을 탑니다.

"Andy, Breakfast is ready, Andy."
I eat delicious abalone rice porridge and fried buns,
which Aunt Maria made for us.
Today is the first day of school after summer break.
And I excitedly head off to school.
My school is located next to Victoria Park in Causeway Bay.
It is not far from home. But it is a hot day,
and I will soon be all covered in the sweat if I walk.
So I take a tram.

트램은 신나요!
딩딩 종소리와 함께 트램이 덜컹덜컹 움직이면
마치 머나먼 곳으로 여행을 떠나는 기분이 들거든요.
트램은 자그마치 110살이 넘었대요.
지난 트램의 생일날에는 요금이 공짜여서 멀리까지 트램 여행을 다녀왔어요.
친구랑 2층 제일 앞자리를 차지하고
높은 빌딩이 즐비한 **센트럴**을 지나 케네디 타운까지 갔지요.

Riding a tram is fun!
As the bell rings out and the tram runs clattering,
I feel like I am on a trip to a faraway place.
They say the trams are more than 110 years old.
On the trams' anniversary day, the fee was free,
so we took a long ride to go sightseeing.
My friend and I sat at the very front seats on the 2nd floor,
and went all the way to Kennedy Town,
passing central downtown where the skyscrapers are.

트램을 타면 다양한 사람을 만나요.
홍콩에 여행을 온 외국인 관광객도 있고, 헬퍼 가정부도 있고,
나이 지긋한 할머니와 할아버지도 있지요.
물론 저처럼 어린 학생도 있답니다.
앗, 벌써 내릴 때가 되었네요.

On a tram, you see lots of people.
Some are tourists from foreign countries, and some are housekeepers.
There are also elderly men and women.
Of course, you get to meet young students like me.
Oh, here is our stop.

학교 친구 대부분은 홍콩에서 나고 자랐지만
다른 나라에서 온 친구도 많아요.
요즘은 중국 본토에서 전학 온 친구들이 부쩍 늘었어요.
강주아오 다리가 생기고 나서 중국과 홍콩의 거리가 더욱 가까워졌거든요.
이제 영어도 공부해야 하지만 **보통화**도 필수 과목이에요.
집에서는 광둥어를 쓰기 때문에 보통화가 어려워요.
빨리 배우려고 방과 후에 보충 수업을 받아요.

Most of my friends at school were born and raised in Hong Kong.
But, I have a lot of friends from other countries, too.
These days, more and more friends are transferring from mainland China.
That is because the travel distance between China and Hong Kong became shorter,
since the Hong Kong–Zhuhai–Macau Bridge was built.
Now, I have to study English, but Mandarin is also a required subject.
It is difficult for me to learn Mandarin, because we speak Cantonese at home.
I take supplementary classes after school in order to learn faster.

아빠는 앞으로 보통화가 중요해질 거라고 하세요.
홍콩은 아주 오랫동안 영국의 통치를 받은 곳이에요.
아빠가 젊으셨을 때는 많은 사람이 영어로 대화를 했대요.
서점에는 **간화자**로 된 책보다 영어로 된 책이 많았고요.
지금은 상상이 안 돼요.

Dad says Mandarin will become very important in the future.
Hong Kong has been under British rule for a very long time.
Dad says a lot of people talked in English when he was young.
And that the bookstore had more books in English,
than in Simplified Chinese.
I can't imagine it now.

방과 후엔 엄마와 함께 완차이 재래시장을 갔어요.
점심으로 **딤섬**을 먹었지요.
새우가 들어간 하가우, 모양이 이쁜 시우마이,
만두피 속의 감칠맛 나는 국물이 터지지 않게 먹어야 하는 샤오롱바오가
대나무 찜통에 담겨 나와요.
딤섬은 한입에 쏙 들어가는 크기라서 먹기 편해요.
"천천히 먹으렴, 후식도 나올 거야."
망고가 들어간 빵이 후식으로 나왔어요.

After school, mom and I go to Wanchai Traditional Market.
We have dim sum for lunch.
Dim sum is served in bamboo steamers.
The ones with shrimp inside are har gow, and the pretty ones are siu mai.
When you eat xiaolong bao, you need to keep the delicious juice trapped inside until you put the whole thing in your mouth.
Dim sums is easy to eat as it is all made in bite sizes.
"Eat slowly, you'll have dessert, too."
For dessert, mango bread came out.

곧 **중추절**이에요. 완차이 시장은 평소보다 붐비는 모습이에요.
단골 야채가게 아주머니가 이것저것 필요한 것을 챙겨 주셨어요.
우리는 제과점에서 **월병**도 사고 꽃집에도 들렀어요.
참, 중추절 저녁을 밝혀줄 예쁜 등도 샀어요.

It will be the Mid-Autumn Festival soon. So the Wanchai Market is busier than usual.
The owner of mom's favorite shop puts the vegetables that we need into a bag.
We stopped by a bakery to buy moon cakes, and we also bought flowers.
Of course, we bought a pretty lantern to light on the evening of the festival.

집 앞 슈퍼마켓에 들렀어요. 아직 못 산 것들이 있거든요.
슈퍼마켓에는 전 세계 식품이 한자리에 모여 있어요.
덴마크 계란과 치즈, 프랑스 머스타드 소스, 한국 과일, 케냐 페퍼민트,
필리핀 코코넛 밀크, 호주 우유 등 없는 게 없어요.
엄마는 네덜란드 방울토마토와 뉴질랜드 와인을 고르셨어요.

We have stopped by the supermarket near our house.
Because, we still have things to buy.
There are groceries from all over the world at the supermarket.
You can find anything here, including eggs and cheese from Denmark,
mustard sauce from France, fruits from Korea, peppermint from Kenya,
coconut milk from the Philippines, and milk from Australia.
Mom has picked out some cherry tomatoes from the Netherlands,
and a bottle of wine from New Zealand.

홍콩이라는 이름은 '향기 나는 항구香港'라는 뜻이에요.
영국의 식민지로 있는 동안 홍콩은 세계적인 항구가 되었어요.
언젠가 공항 가는 길에 본 항구는 그 규모가 어마어마했어요.
컨테이너가 큰 산을 몇 개나 이루고 있었지요.
배도, 트럭도, 컨테이너를 싣고 내리는 크레인도 무척 바쁘게 움직이고 있었어요.
장을 다 보았으니 가족과 함께 명절을 보낼 일만 남았네요.

The name 'Hong Kong' means 'fragrant harbor.'
While under the rule of England, Hong Kong grew to become a world-class harbor.
Once, I saw the harbor on the way to the airport, and it was huge.
There were mountains of shipping containers.
There were also ships, trucks, and cranes used to load and unload the shipping containers. All of them were busy moving around.
Now, shopping is done, and all we need to do is celebrate the holiday with family.

집에 오니 마리아 아줌마가 반겨줘요.
아줌마는 필리핀 사람인데 우리 집에서 함께 지내며 일한 지 오래되어서
가족과 다름없어요.
아줌마는 고향에 있는 가족이 그립지만
일자리가 있고 이제는 정이 든 홍콩이 좋다고 하세요.

Aunt Maria greets us as we return home.
Aunt Maria came from the Philippines. She has been living in our house
for such a long time, helping us with housework, that now she is like our family.
Aunt Maria misses her family in her hometown.
But, she says she likes Hong Kong, where she works and
where she has become accustomed to.

홍콩에는 가정부로 일하는 필리핀, 인도네시아 **헬퍼**가 많아요.
휴일인 일요일에는 그분들이 삼삼오오 센트럴이나 빅토리아 공원에 모여
휴식을 취하는 모습을 볼 수 있어요.
홍콩의 눈부신 발전을 묵묵히 뒷받침해준 분들이지요.

There are many people who work as housekeepers, or 'helpers' in Hong Kong.
They are mostly from the Philippines and Indonesia.
On Sundays, we can see them gathered in small groups at Central Park,
or at Victoria Park, enjoying the day off.
They are the ones who quietly supported
the remarkable development of Hong Kong.

엄마와 함께 사 온 등을 달 때 대학생인 큰형이 집에 돌아왔어요.
"앤디, 오늘 학교는 잘 다녀왔어?"
형은 오늘도 민주주의 시위에 다녀온 모양이에요.
형은 홍콩이 스스로 자치권을 가지고
대표를 홍콩 시민의 손으로 직접 뽑아야 한다고 생각해요.
50년 동안 홍콩의 자치권을 보장하기로 한 약속을
중국 정부가 지키지 않는다며 형은 이에 항의하는 시위에 참여하고 있죠.

As we try to hang the lantern we bought,
my older brother who goes to university comes back home.
"Hi Andy, how was school today?"
It looks like he was at the Democratic rally again.
My brother believes that Hong Kong should have autonomy
and that the citizens of Hong Kong
should elect our representatives directly.
He also said that they are protesting
the Chinese government for breaking their promise
that they will guarantee Hong Kong's
autonomy for 50 years.

TV에서 본 시위의 모습은 대체로 평화롭지만
때로는 폭력적으로 변하기도 해서 나는 형이 걱정이 돼요.
아빠는 못마땅한 모습으로 지켜보고 있어요.
아빠는 시위대가 아름다운 홍콩의 평화와 안전을 해치고 있다고 생각하세요.
그러나 형은 홍콩 경찰이 더는 홍콩 사람을 보호해주지 않는다고 주장하지요.
홍콩의 민주주의에 대한 생각은 이처럼 제각각이랍니다.
앞으로 홍콩은 어떻게 될까요?

Although the scenes of protest we watch on TV look peaceful in general,
violent encounters happen from time to time.
And that makes me afraid for my brother.
Dad keeps a watchful eye on the situation with a frown.
Dad believes the protesters have a negative impact on the peace
and security of this beautiful city, Hong Kong.
But my brother claims that the Hong Kong police are
no longer protecting Hong Kong citizens.
As you can see, there are differing views about democracy
in Hong Kong.
What will become of Hong Kong?

중추절 첫날을 맞아 타이항에서 불꽃용춤 축제가 펼쳐졌어요.
불꽃을 내뿜는 용이 춤추듯 꿈틀대는 모습이 사람들의 눈을 즐겁게 해요.
사방에서 폭죽이 터지고 향을 태워 연기가 자욱해요.
나는 큰형의 목말을 타고 구경을 하니 더 신났어요.
고개를 들어 하늘을 보니 보름달이 두둥실 떠 있네요.
보름달에게 소원을 빌면 소원이 이루어진대요. 한번 빌어 볼까요?

On the first day of the Mid-Autumn Festival,
the Fire Dragon Dance is performed at the Tai Hang.
The sight of a dragon wiggling in a dance makes people's eye light up with joy.
The air is thick with smoke because firecrackers are exploding
and incense is burned everywhere.
I am even more excited because I get to watched the whole show sitting
on my brother's shoulders.
I look up at the sky and find there is a full moon.
They say if you make a wish on the full moon, your wish will come true.
Shall we make a wish?

Definitions

Central: Occupying the northwestern portion of Hong Kong Island, Central is the heart of Hong Kong. Located next to the Admiralty, which is the administrative core, Central is a financial hub, where the headquarters of a world-class bank are clustered.

Hong Kong-Zhuhai-Macau Bridge: A 55-kilometer bridge connecting Hong Kong, Zhuhai, and Macau. Some sections are underwater tunnels.

Mandarin: The standard Chinese language that uses the Pekingese pronunciation as the standard pronunciation.

Simplified Chinese: Chinese lettering. This is written in simpler forms than the Chinese characters used in Korea, and so it is called Simplified Chinese.

Dim Sum: A representative dish in the southern part of China, Guangdong. Fillings are usually made with shrimp, pork, chicken, and vegetables. Red beans are used occasionally. The name, dim sum means you can eat them in one bite.

Mid-Autumn Festival: This is a Chinese holiday which is the equivalent of Chuseok in Korea. It's the day celebrating the harvest, and falls on the 15th day of August in the lunar calendar.

Wolbyeong (Moon Cake): A traditional Chinese snack in a round shape like a moon.

Helper: The casual way to refer to housekeepers who are hired by households in Hong Kong to help with housework and childcare. They are mostly from Southeast Asian countries such as the Philippines and Indonesia, and make up 5% of the population of Hong Kong.

낱말 풀이

센트럴: 홍콩섬 북서쪽에 있는 지역으로 홍콩의 중심부입니다. 행정 중심인 어드미럴티 옆에 위치한 센트럴은 세계적인 은행의 본사가 몰려 있는 금융 중심가입니다.

강주아오 다리: 홍콩과 주하이, 마카오를 잇는 무려 55킬로미터나 되는 긴 다리입니다. 일부 구간은 해저터널이에요.

보통화: 북경어음을 표준어음으로 삼는 중국의 표준말입니다.

간화자: 중국의 한자입니다. 우리나라에서 쓰는 한자보다 더 간단한 모양으로 쓰는데 이를 간화자라고 부릅니다.

딤섬: 중국 남부 광둥 지역의 대표적인 음식입니다. 속 재료로 새우나 돼지고기, 닭고기와 채소를 넣고 때론 팥을 넣기도 합니다. 딤섬은 한 입에 넣을 수 있다는 뜻이기도 합니다.

중추절: 우리나라의 추석에 해당하는 중국의 명절입니다. 추수를 기념하는 날로 음력 8월 15일이에요.

월병: 달 모양으로 둥글게 만든 중국의 전통 과자입니다.

헬퍼: 홍콩 가정집에 고용되어 가사, 육아 등을 도와주는 가정부를 칭하는 편한 말입니다. 주로 필리핀, 인도네시아 등 동남아시아 국적으로 홍콩 인구의 5%를 차지하고 있습니다.

About Hong Kong

Hong Kong is the special administrative region of China, located at the mouth of the Zhu River in southern China. It has a high-temperature, humid, tropical climate throughout the year. Hong Kong consists of 200 islands, including Hong Kong Island and Kowloon, Lantau Island with an airport, and the New Territories, which are attached to the Chinese continent.

As a result of the Opium War of 1842, Hong Kong was incorporated into the United Kingdom and colonized for 99 years before returning to China in 1997. At the time, China guaranteed Hong Kong a political autonomy of 50 years. Hong Kong was originally a small stone island, but it emerged as an international port city and the financial center of Asia through the British colonial period.

The population is about 7 million, 92 percent of which are of Chinese descent, while the rest are made up of people of various nationalities, including the Philippines, Indonesia, and the United Kingdom. The majority speaks Cantonese, then English and Mandarin. It has a global culture that combines diverse nationalities and races, so you can enjoy western food as well as dim sum and South East Asian food.

Due to the geological nature of the rocky island of Hong Kong, Hong Kong is known for having the largest number of high-rise buildings in the world. Among them, 317 high-rise buildings measure more than 50 meters. Due to its steep terrain and limited land, restoration projects have been underway since the British colonial era. Today, all of Hong Kong's heartland, including Central, Admirality, Wanchai and Causeway Bay, has been constructed over reclaimed lands. Trams have been running for more than 110 years through the heart of these cities. They are an important public transportation means for the citizens of Hong Kong as well as a famous landmark for tourists.

Although it has been more than 20 years since its return to China, Hong Kong is still the world's leading financial industry center and boasts a GDP of over 50,000 dollars. However, it is one of the most high-priced cities in the world. Hong Kong also has many social problems like wage imbalance, the extreme disparity between rich and poor, and housing problems. Recently, Hong Kong's anti-China consciousness has increased, leading to democratic protests. In June of 2019, over 2 million citizens participated in protests against Hong Kong's extradition law, deepening political tensions between Hong Kong and China.

홍콩은 어떤 곳?

중국의 특별행정구역으로 중국 남쪽 주강의 하구에 있습니다. 일 년 내내 고온다습한 열대 기후이며 홍콩섬과 가우룽, 공항이 있는 란타우섬, 중국 대륙에 붙어 있는 신계, 그 외에 약 200개의 크고 작은 섬으로 이루어져 있습니다.

1842년 아편 전쟁의 결과로 영국에 편입되어 99년 동안 식민 통치를 받다가 1997년 다시 중국에 반환되어 50년 동안 정치적 자치권을 보장받았습니다. 홍콩은 원래 작은 돌섬이었지만 영국 식민지 시절을 거치며 국제적 항구 도시이자 아시아의 금융 허브로 부상했습니다.

인구는 약 7백만 명으로 92%가 중국계고 나머지는 필리핀, 인도네시아, 영국 등 다양한 국적의 사람들로 구성되어 있습니다. 대부분 광둥어를 사용하고 그다음으로 영어, 보통화가 많이 사용됩니다. 여러 국적과 인종이 어우러진 글로벌한 문화를 가지고 있어 딤섬과 동남아시아 음식은 물론 서양 음식까지 함께 즐길 수 있어요.

바위가 많은 홍콩섬의 지질적 특성 때문에 홍콩은 세계에서 고층 빌딩이 가장 많은 도시로 유명합니다. 50미터가 넘는 고층 빌딩만 317개가 있어요. 가파른 지형과 좁은 땅 때문에 영국 식민지 시절부터 간척 사업이 이루어졌고 센트럴, 어드미럴티, 완차이, 코즈웨이 베이 등 홍콩의 중심부 모두는 이 간척지 위에 개발되었습니다. 이 중심부를 관통하는 트램은 110년이 넘게 운행하고 있으며 홍콩인에게 중요한 대중교통인 동시에 관광객에게는 명물입니다.

홍콩은 중국에 반환된 지 20년 이상 지났지만 여전히 세계 최고 수준의 금융 산업 중심지고, 5만 달러가 넘는 GDP를 자랑합니다. 하지만 전 세계에서 물가가 가장 높은 도시 중 하나로 손꼽히며 높은 임금 불균형과 극심한 빈부 격차, 주거 문제 등 많은 사회 문제를 안고 있습니다. 최근 들어 홍콩 사람의 반중 의식이 높아져서 민주 시위가 일어나고 있으며 특히 2019년 6월에는 2백만 명이 넘는 홍콩인이 범죄인 인도 법안 반대 시위에 참가하는 등 홍콩과 중국 사이에서 정치적 긴장이 고조되고 있습니다.

홍콩은 어디에?

– 홍콩은 중국 대륙 남쪽 주강 아래에 있습니다.